AF233551

27
L n 20360.

DISCOVRS
REMARQVABLE
DE LA VIE ET MORT DE
Theophile.

A PARIS,

Chez IEAN MARTIN, ruë de la
vieille Bouclerie à l'Escu de
Bretagne.

M. DC. XXVI.

DISCOVRS
REMARQVABLE DE
LA VIE ET MORT DE
Theophile.

APRES que le mal-
heur a eu essayé tous
ses traicts sur le cou-
rage inuincible du
pauure Theophile, apres l'auoir
exilé par plusieurs fois, estroite-
ment emprisonné, & assiegé sa
vie de mille impostures, apres
auoir, dis-je, employé si long
temps le premier parlement de
France à sa condemnation, en
fin a obtenu de la maladie ce

que tous ſes artifices & machi-
nes ne luy auoiét peu octroyer,
tous les efforts qui ſe preſen-
toient contre luy de dehors
eſtoient trop legers pour le
vaincre, il ne pouuoit eſtre em-
porté que par des attaques inte-
rieures, & comme vn ennemy
eſt bien pluſtoſt dompté &
vaincu, lors que on le va forcer
iuſques dedans chez luy & deſ-
ſus ſes foyers, meſmes que de
le battre aux enuirons, ainſi
vne deſplorable maladie en-
uoyee dans le corps de Theophile, le deſtruict pluſtoſt que
tous les dangers dont il s'eſt
veu enuironné de la part de ſes
haineux: Chacun ſçait comme
il a touſiours veſcu auec vn re-

nom celebre de science, chery
des Muses & d'Apollon, ainfi
que tant d'œuures qu'il a mifes
en lumiere en font foy, qui
font des plus rares qui ayent
iamais paru en France, il n'y a
perfonne qui ne fçache comme
il eftoit recherché des plus
grands de la Cour & admis
volontiers au cabinet du Roy:
mais l'enuie qui eft toufiours
oppofee à la Vertu, & tafche
d'efteindre fa lueur fi toft qu'elle commence à paroiftre, luy
fufcita auffi toft des ennemis,
lefquels ie ne veux point nom-
mer pour eftre trop cogneus, &
dont il n'eft pas de merueille
qu'il fuft inquieté puis qu'ils
font publics, il les offençoit de

ſa veuë, ainſi qu'vn homme qui charge de ſa peſanteur, les Arts mis au deſſous de luy, deſquels il a ſurpaſſé le faiſte & ſurmonté la hauteur, bruſle les autres de ſa ſplendeur & eſclatante lumiere, ils ne le pouuoient non plus ſupporter que les hibouts & les choüettes la lueur du Soleil, ce leur eſtoit comme la fleur de la vigne qui eſtouffoit la pluſpart des ſerpens de leurs mauuaiſes conceptions, vous euſſiez dit qu'vne entiperiſtaſe & contrarieté mortelle interuint entre luy & eux, d'vne part pour la deffence & le maintien de la verité & vtilité publicque, & de l'autre pour la demolition & perte entiere d'icelle, de là

sont venuës les disgraces que
l'on a veu talonner & presque
accabler le patient Theophile,
pendant qu'il luy a esté permis
de respirer le doux air de la vie,
& principallement du pouuoir
que ses aduersaires ont plus
grand que l'on ne peut dire, &
qui fait voir la verité de la fable
d'Esope, du pot de terre auec
le pot de fer, sur tous ceux qui
les osent chocquer, en sorte
qu'ils semblent estre vrayement
le feu de Pytagore, dont il est
deffendu de ne le point foüiller
auec le fer, ressemblent parfai-
tement aux frelons qui endom-
magent fort tous ceux qui les
irritent, ou plustost sont sem-
blables à la Camarine qui blesse

aigrement ceux qui l'eſmeu-
uent, c'eſt de là, dis-je, que
Theophile s'eſt mis en proye à
tant d'infortunes qui ont miſe-
rablement vſé la plus part de ſes
iours, & comme le Lyon ne tire iamais ſes ongles que l'effect
de ſon pouuoir ne s'enſuiue, le
voyla de meſme circonuenu de
la vengeance de ſes ennemis qui
le traittent à toutes rigueurs, &
ne luy donnent repos quelque
part que ce ſoit, ils recherchent
ſa vie & ſes œuures, & meuuent
comme on dit toute pierre pour
le rendre ſcelerat & coulpable
de mort, & eſtoit deſia meſme
en peine de ſa vie, ſi ſon abſen-
ce & le temps qui deſcouure
toutes choſes, n'euſſent donné
loiſir

loifir de deffiller les yeux, & voir
à trauers les impoftures de fes ennemis, la blancheur de fon innocence: Ce n'eft pas fans raifon que
les Poëtes attribuent à la Iuftice
des pieds de laine, pour monftrer
qu'il ne faut pas eftre prompt, ny
fuyure toufiours le mouuement
& les paffions de ceux qui inten-
tent les crimes, mais comme le
temps meurit les fruicts, il faut
laiffer venir au iour tout douce-
ment comme vne Aurore qui
naift, l'efclat de la verité, &
ainfi l'on rompt beaucoup de fu-
percheries, & les Iuges tiennent
leurs confciences à repos de plu-
fieurs crimes, qui autrement les
pourroient mettre en peine autát
ou plus que ceux lefquels ils con-
damneroient. Ainfi Theophile

auec grande peine & langueur de
prifon éuite le coup mortel que
les ennemis auoient leué fur luy:
mais c'eſt vn malheur, que depuis
que la Fortune a commencé de
trauerſer vn homme, elle ne le
laiſſe iamais ſans vne dommagea-
ble iſſuë, vne infortune ne vient
iamais ſeule, elle en tire touſiours
quelque autre auec ſoy, & qui eſt
bien ſouuent plus dãgereuſe que
n'eſtoit la precedẽte. Il plaiſt ainſi
aux Dieux de ruiner vn ſuiet depuis qu'ils l'ont vne fois entrepris:
L'affliction & l'ennuy que Theophile auoit conceu de veoir ſon
innocence affligee, & que pour
le ſeruice & la trop bonne volon-
té qu'il auoit vouee au public &
à ſa patrie, il ſe mettoit au hazard
de ſa propre & particuliere per-

sonne, & non seulemēt cela , mais
encore la solitude affreuse & ob-
scure d'vne noire & relante prison que le soleil ne visite iamais,
vne infinité de souspirs & de larmes dont le temps s'estoit repeu
pendant qu'il deuoroit les iours
de sa captiuité, l'attente d'vn iu-
gement dangereux qui auoit peu
à peu pitoyablement espuisé le
meilleur de sa vie , l'affligerent
tellement, que de là prist naissan-
ce vne sieure tierce qui commen-
ça de le tourmenter quelque
temps apres son eslargissement,
aussi estoit-ce vne chose insup-
portable que deux cōtraires peus-
sent suruenir en vn mesme suject
sans vne notable marque de leur
inimitié, apres la prison ne pouuoit pas succeder la liberté, sans

que quelque milieu ne se sentist
offencé, le grand amas de melan-
cholie qui s'estoit faict pendant
sa retenuë, conceut vne ardeur
de se veoir eslargy, qui luy causa
la fieure, tout de mesme que de la
contrarieté des deux causes natu-
relles qui forment le tonnerre,
sortent les esclairs. En quoy pa-
roist la verité de ce qu'on dit ordi
nairement en Medecine, que les
soudains changemens sont dangereux, à cause que les deux con-
traires ne pouuans demeurer en-
semble, & ne pouuans s'en aller
aussi sans laisser quelque marque
de leur excés, forment comme vn
tiers & milieu, où ils laissent en
depost le venin de leur maligni-
té, d'où s'ensuit bien souuent la
perte de ceux qui le supportent:

Neantmoins c'eſtoit peu de cho-
ſe que ceſte fieure tierce, ſi l'on
y euſt apporté les remedes pro-
pres, & que l'on euſt ſuiuy le che-
min ordinaire de la Medecine
frayé par Hipocrate, qui eſt le
plus ſeur, de meſme qu'il eſt le
premier de cet Art, mais le mal a
voulu qu'vn Chimiſte ait le premier eu le ſoin de Theophile en
ceſte maladie; ſur quoy ie veux
bien que tout le monde ſçache
que la Chimie eſt droictement
oppoſee à la chaleur de l'homme,
qui conſerue ſa vie, qui eſt vne
ſubſtance ſeparee des quatre elements dont il eſt compoſé, qui ne
ſeruent que de matiere en ſa ſtru-
cture, & celle-cy y eſt comme ſa
forme, qui luy donne l'eſtre & la
vie, procedant immediatement

du ciel, qui fait comme vne cin-
quiefme eſſence d'auec les quatre
autres elements mortels & periſ-
ſables, en ſorte que les Chimiſtes
ne ſe ſeruans que de quinte eſſence font beaucoup patir celle-là en
l'vſage de leurs remedes, & la rui-
nent quelquesfois du tout, ou la
fouruoyent grandement : & c'eſt
ainſi que Theophyle s'eſt dreſſé
vn lacet dont il n'a peu eſchap-
per, car eſperant, par le moyen
d'vne poudre, faire perdre ſa fieure tierce, elle ſe tourna en quarte
laquelle peu de temps apres ſe
communiquant au cerueau, le
contraignit de ſe mettre au lict,
où apres auoir eſté trois ſemaines,
la parole luy ceſſa, ſes yeux appe-
ſantis ne peurent plus vacquer à
leur fonction ordinaire , & ſes o-

reilles se fermerent au son qui
nous forme l'ouye : il luy sortoit
quelques larmes des yeux , qui
n'ont peu adoucir la rigueur de la
mort. Voila le dernier estat de
Theophile à la fin de ses iours, le
voila comme par la violence des
susdits accidents il paye le tribut
à nature le 25. iour de Septembre
à dix heures de nuict, expirant si
paisiblement le reste de sa vie,
qu'il est impossible de partir de
ce monde auec plus de douceur.

F I N.

www.ingramcontent.com/pod-product-compliance
Lightning Source LLC
LaVergne TN
LVHW010245030726
842520LV00007B/2763